AF405048

# DISCOURS

*Prononcé le 4 Juin à la Société des Amis de la Constitution de Strasbourg, par Jean-François Georget, au nom de Jean - Claude Dumas, Pierre Roche et Jean Marie d'Ifernet, tous les quatre, soldats au quarante-sixième régiment d'Infanterie ci-devant Bretagne.*

MESSIEURS,

IL nous seroit difficile de vous peindre ce qui se passe dans nos ames et les différens sentimens que nous éprouvons aujourd'hui; oui, Messieurs, ce jour, le plus précieux de notre vie, est pour nous le comble du bonheur, puisqu'il joint à l'avantage de servir notre patrie comme soldats, en repoussant le fer à la main, les ennemis de notre sainte Constitution, le moyen de la servir comme

A

Citoyens, en faisant partie de votre respectable Société. C'est entre vos mains que nous venons de prêter, avec toute l'authenticité possible, ce serment qui depuis long-temps étoit conçu dans nos coeurs ; c'est au milieu de vous que nous trouverons les forces nécessaires pour résister aux insinuations perfides et mensongères de ceux, qui tenant leur existance des bienfaits d'une patrie, trop généreuse envers eux, seroient assez dénaturés pour les méconnoître ; et qui, semblables à des vipères, voudroient déchirer le sein d'une mère aussi tendre ; de cette chère patrie, le seul objet du courage et de l'intrépidité de l'ancienne Rome ; et (devons nous le dire à notre honte) ce mot de patrie avoit, pour ainsi dire, perdu ses droits : Je sers mon Roi, disoit-on ; et pourquoi pas plutôt ma patrie ! il commence pourtant à revivre dans nos coeurs ; est-il jamais sorti de celui d'un vrai Français, d'un Citoyen vraiment digne de ce nom ? Que j'aime cet axiôme des Romains, *Dulce et decorum est pro patria mori!* C'est là, Messieurs, l'expression la plus vive de nos sentimens ; telles sont les dispositions de nos coeurs, que les persécutions et les supplices les plus cruels ne pourroient y porter atteinte.

Les obstacles *qu'auroient voulu nous opposer de vils aristocrates*, *loin de produire en nous l'effet qu'ils auroient cru avoir droit d'en esperer*, n'auroient fait qu'augmenter l'estime que nous avions déjà pour ceux qui composent cette Société, en donnant de la violence à nos désirs. Puisse le Ciel favorable nous procurer un moyen de manifester bientôt nos sentimens! que nous le saisirions avec plaisir!

Nous venons, Messieurs, de jurer de dénoncer tous les traitres à la patrie; qu'ils tremblent donc!...Eh! pourquoi, *ceux qui sont obligés*, *par les places qu'ils occupent*, *de nous donner l'exemple du patriotisme et de la soumission aux Décrets de l'Assemblée Nationale sanctionnés par le Roi*, *ne nous donneroient-ils au contraire que des sujets de méfiance par une conduite toujours très-suspecte*, *et nous forceroient-ils de mépriser et de haïr*, *ceux - même que nous devons chérir et respecter?*

Nous attendons avec impatience ce jour de lumière, où tous les français douteux seront obligés de prêter un serment qui engagera leur conscience à la fidélité! il en est, et nous nous plaisons à le croire, qui sont guidés par le flambeau d'une saine philosophie, et d'une connoissance approfondie des droits de l'homme ; il en est qui désirent depuis long-temps de prouver qu'ils sont dignes du glorieux titre de Français : mais aussi, Messieurs, n'en est-il point qui ne craignant pas de lever le masque de l'aristocratie, aimeront mieux se joindre à cette horde de brigands qui menacent la patrie et porter, s'ils le peuvent, le fer et le feu dans nos campagnes, que de servir avec honneur sous les drapeaux de la Liberté? si parmi ceux qui le préteront, il en étoit que la nécessité forçât de le faire, sans être résolus de le tenir, ce seroit un double attentat, puis qu'au premier crime, ils joindroient la trahison ! de même qu'un feu caché sous les cendres en est plus à craindre, ainsi leurs sourdes menées n'en seroient-elles que plus dangereuses! mais alors, Messieurs, que la Loi déploye sur eux les coups les plus terribles de sa justice !

Donner à la vérité un empire sans bornes, échauffer les coeurs de l'amour de la patrie et de la liberté, inspirer à tout Français le respect pour les Lois et la haine du despotisme, tel fut le but que vous vous proposâtes en formant cette Société ; telles sont les obligations que nous venons de nous imposer, et que nous jurons de remplir, et périsse à jamais celui de nous qui seroit assez lâche pour le violer, ou assez foible pour sacrifier à un vil intérêt ou à quelques considérations humaines, ce qu'il doit à ses concitoyens et à sa patrie.

# DISCOURS

*Prononcé le 4 Juin à la Société des Amis de la Constitution de Strasbourg, par Le Begue, Sergent au treizième Régiment d'Infanterie.*

MESSIEURS,

LE peuple peut à juste titre se flatter de trouver en vous des soutiens plus chers encore à la France par leurs vertus que par leurs lumières. Pénétrés des sentimens que la loi inspire, fidéles à remplir les devoirs qu'elle impose, vous sentez, dignes émules dés membres de cette auguste Assemblée qui dans leurs pénibles travaux se regardent moins comme législateurs, que comme pères de la patrie! vous sentez, dis-je, que vous n'êtes amis de la Constitution que pour travailler à la félicité de la nation entière, et faire triompher l'ordre, la justice et la vérité. Quelle satisfaction ne ressent pas le véritable citoyen de voir que vos pensées n'ont d'autre objet, vos actions d'autre but que de rendre l'homme à lui-même et de lui faire chérir et respecter des loix dictées par la sagesse et sanctionnées par le digne rejetton du grand Henri, qui réunit à ce titre celui de père des Français! Vous apprenez encore à la Nation, que la liberté est un bien que le Créateur de l'Univers a rendu commun à tous les êtres; qu'on ne peut en priver un individu quelconque, sans commettre une injustice extrême; que le fort qui rend le foible esclave, est indigne de la société des hommes; que le coeur patriotique et vertueux doit être toujours sensible et compatissant; qu'il est des malheureux sur la terre: que ces infortunés sont nos amis, nos compagnons, nos frères et qu'ils ont droit par conséquent à nos bienfaits. Bannir la distinction des rangs, qui, parmi les hommes, fait tous les malheureux, est le devoir d'un

Français : la bannir pour ne l'accorder qu'au mérite individuel, c'est venger la nature depuis trop long-temps outragée ; c'est lui rendre sa première existence.

Vous ressentiriez ainsi que moi, Messieurs, (je l'avoue) trop de douleur à vous trouver persuadés que l'habitude du vice et l'aristocratie ont détruit dans l'ame des prétendus grands, tout sentiment patriotique, fraternel, ou primitif ; et qu'il ne leur reste aucun retour à la raison, puisqu'ils présument toujours que le foible et le pauvre doivent être leurs esclaves, l'un par la crainte, et l'autre par le devoir. En puisant dans l'antiquité, en sondant nos coeurs, nous prouverons à ces colosses d'orgueil, que dans tous les âges, un Citoyen bon et éclairé n'a jamais eu d'autre objet que de faire concevoir au peuple des idées morales, et de lui faire connoître des vertus sociales par la jouissance de la liberté même.

Il est temps ! il est temps de rompre et de briser entièrement ces chaines insupportables et cruelles que nous a forgé le despotisme, pour sortir de l'esclavage où nous avoit plongé notre aveuglement et notre erreur. Nous apprendrons à l'Univers étonné que les titres des ci-devant puissants ne sont plus regardés dans l'Empire Français, que comme vains et chimériques; que leur foiblesse actuelle les fera un jour ressouvenir que les hommes sont tous nés du même père; qu'ils sont nos frères; que chez nous, le berger sage et vertueux est l'égal des bons rois; que nous avons, comme eux, des yeux pour voir, des oreilles pour entendre, et une raison pour comparer et pour juger.

Voilà, Messieurs, ce qui m'a inspiré le désir d'être admis parmi vous, pour concourir, sous vos auspices, éclairé de vos lumières, au bonheur de mes camarades, de mes concitoyens, de mes frères, mon patriotisme et mon zèle ne pouvant rien d'eux-mêmes.

Puissent vos soins et votre ardeur pour la régénération de l'Empire Français, calmer ces terreurs panniques que des hydres monstrueux (qu'enfanta l'aristocratie au milieu du feu de la discorde et des fureurs du fanatisme) répandent sur les ames faibles, en faisant glisser dans leurs coeurs déçus une portion de ce venin subtil dont ils sont tout-bouffis et tout-écumans.

Généreux Citoyens réunis aux braves et fidèles guerriers des troupes de ligne! puisque votre courage et votre valeur, n'auront d'autre guide que le patriotisme, vous serez certains de vôler à la gloire en marchant de concert, et la victoire sera le prix de l'exemple réciproque.

Puissent enfin vos derniers efforts écraser et anéantir ces traitres, ces rebelles sourds aux cris de la patrie, qui par un intérêt sordide ou particulier, se liguent pour empêcher la réintégration des droits de l'homme envahis à une Nation entière par le fanatisme, l'illusion et la seule loi du plus fort, et trop souvent du plus scélerat! loi criminelle! qui, à-jamais rejettée et anéantie, fera disparoître l'âge d'airain, renaitre l'ancien âge d'or, et retrouver dans tous les états possibles, la douce abondance, la paix, l'union, la fraternité, cette heureuse égalité en un mot! que nous cherchons depuis si long-temps, en dépit des aristocrates.

LE BEGUE,
*Sergent au treizième Régiment d'Infanterie.*

# DISCOURS

*Prononcé le 4 Juin à la Société des Amis de la Constitution de Strasbourg, lors de la réception des sous-Officiers du dixième Régiment d'Infanterie, ci-devant Neustrie, membres de ladite Société.*

MESSIEURS,

LE flambeau de la Constitution pénétrant à travers l'obscurité est enfin parvenu jusqu'à nous : si les rayons de lumière qu'il jette de tous côtés, ne peuvent éclairer les ennemis de la révolution, ils en-hardissent au moins de vrais militaires-citoyens, qui depuis sept mois n'aspiroient qu'après l'honneur d'être admis dans votre honorable Société, mais qu'une crainte sans doute frivole à retenu. Honorés maintenant du titre de membres, satisfaits dans une partie de notre ambition, sentans le prix de la liberté, quelle perspective ne nous fait elle pas appercevoir? ce seroit envain que l'aristocratie expirante, par des trames aussi odieuses que téméraires ; chercheroit à corrompre nos coeurs et à effacer les sentimens patriotiques qui y sont imprimés, pour s'abreuver du sang de nos frères! Qu'elle apprenne donc, avant son anéantissement, que nous sommes Français, armés pour la défence de la patrie, que nous ne sommes plus de vils esclaves ni de ces machines dont l'arbitraire despotisme disposoit autrefois; que nous sommes conduits par une loi juste, dictée par l'humanité et à laquelle nous resterons toujours fidèles et inviolablement soumis.

Protecteurs de l'humanité, modèles de vertu, qui avez bien voulu nous recevoir dans votre sein et nous donner la facilité de nous instruire; vous qui propagez le bien général avec une si douce influence; vous qu'un patriotisme épuré et qu'une prudence sans bornes guident sans cesse, lisez dans nos coeurs; vous y verrez notre satisfaction complette, et en gros caractère cette divise: *Vivre libre ou mourir.*

Tels sont nos sentimens, Messieurs, et nous n'attendons que le moment de le prouver authentiquement à nos chers concitoyens.

LA FORGE,
*Sergent Major au dixième Régiment ci-devant Neustrie.*

# DISCOURS

*Prononcé le 11 Juin à la Société des Amis de la Constitution de Strasbourg, par Louis-François Landrié, Sergent Major au dixième Régiment d'Infanterie.*

**FRÈRES ET AMIS, COMPAGNONS D'ARMES,**

*Salut, Union et Prospérité !*

EN m'accueillant dans votre sein, vous avez comblé les desirs d'un ancien militaire, qui s'étant, depuis vingt-trois ans, consacré à la défense de sa patrie, sait bien mieux manier le sabre que la plume et par conséquent vous demande toute votre indulgence.

Je viens de jurer d'être fidèle à la Nation, à la Loi, et au Roi: et comment ne lui serois-je pas fidèle, à cette Nation généreuse? moi, qui m'honore d'être Français! moi, qu'elle paye et quelle avantage! moi, à qui elle vient de rendre le plus beau titre, celui de Citoyen!

Comment ne serois-je pas fidèle à cette Loi, qui n'est plus muette pour les ci-devant grands, et qui n'est plus vexatoire pour les ci-devant petits! qui mettant chacun à sa véritable place, ne voit plus que des hommes, ne reconnoit plus que des Citoyens; qui, protégeant les bons, n'appesantit son bras que sur les mauvais.

Comment ne serois-je pas fidèle à ce Roi citoyen, que tous les despotes devroient imiter ainsi que Stanislas, s'ils ne veulent voir briser leurs sceptres de fer que déjà ils ne lèvent plus qu'en tremblant? Oui, Louis XVI! les Français t'aiment et te seront fidèles; mais ils t'aiment en hommes libres et non en esclaves; ils savent que tu es, comme eux, soumis à la Loi; et en leur donnant toujours l'exemple d'obéissance à ces Lois que tu as, comme nous, juré de maintenir, leurs coeurs seront sans cesse à toi et ils seront les fermes appuis de ton trône qu'ils t'ont constitutionnellement assurés, ainsi qu'à tes descendans.

Je n'ai pas attendu à ce moment pour jurer de vivre libre ou de mourir : déja au 14 Juillet 1789, je l'ai prononcé ce serment en face de l'Être suprême et sur les murs de la Bastille, au milieu du feu et des dangers dont nous étions menacés! si alors, je n'ai pas eu la gloire de mourir pour la patrie, j'ai au moins actuellement la satisfaction de lui offrir ma vie une seconde fois. Qu'ils viennent ces ennemis de notre heureuse Constitution, ces vils détracteurs de la France, ces enfants dénaturés qui maudissent leur patrie! Ils verront ce qu'est le Français libre; ils verront ce que peut le soldat Français quand il défend sapatrie. Si mes camarades des troupes de ligne et moi nous avons, hors des villes, le pas sur nos frères les Gardes nationales, nous n'y voyons qu'un seul avantage; celui de leur parer les premiers coups et de leur faire un rempart de nos corps.

LOUIS-FRANÇOIS LANDRIÉ,

*Sergent Major au dixième Régiment d'Infanterie.*